a voz da sereia volta neste livro

amanda lovelace

Tradução
Marília Garcia

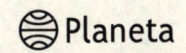

🪐 Planeta

Copyright © Amanda Lovelace, 2019
Copyright © Editora Planeta do Brasil, 2019
Todos os direitos reservados.
Título original: *The mermaid's voice returns in this one*
The mermaid's voice returns in this one foi publicado originalmente
nos Estados Unidos por Andrews McMeel Publishing; uma divisão de
Andrews McMeel Universal, Kansas City, Missouri.

Preparação: Luiza Del Monaco
Revisão: Fernanda Cosenza e Renata Lopes Del Nero
Diagramação: Vivian Oliveira
Capa: Departamento de criação da Editora Planeta do Brasil
Imagem de capa: natalia9 / Adobe Stock

CIP-BRASIL. CATALOGAÇÃO NA PUBLICAÇÃO
SINDICATO NACIONAL DOS EDITORES DE LIVROS, RJ

Lovelace, Amanda
    A voz da sereia volta neste livro / Amanda Lovelace. --
São Paulo: Planeta do Brasil, 2019.
    208 p.

    ISBN: 978-85-422-1746-9
    Título original: *The mermaid's voice returns in this one*

    1. Poesia norte-americana 2. Mulheres – Poesia I. Título

19-1770   CDD 811

Índices para catálogo sistemático:
1. Poesia norte-americana

MISTO
Papel | Apoiando o manejo
florestal responsável
FSC® C019498

Ao escolher este livro, você está apoiando o
manejo responsável das florestas do mundo

2025
Todos os direitos desta edição reservados à
Editora Planeta do Brasil Ltda.
Rua Bela Cintra, 986, 4º andar – Consolação
São Paulo – SP – 01415-002
www.planetadelivros.com.br
faleconosco@editoraplaneta.com.br

da série

AS MULHERES TÊM UMA ESPÉCIE DE MAGIA

a princesa salva a si mesma neste livro (#1)
a bruxa não vai para a fogueira neste livro (#2)
a voz da sereia volta neste livro (#3)

para a menininha apaixonada por livros.
obrigada por ter escolhido viver
tempo suficiente
para ter a experiência
de escrever um livro.
depois outro.
depois outro.
depois outro.

gatilhos

este livro
contém
materiais sensíveis
relacionados a:

abuso de crianças,
violência com armas,
violência doméstica,
agressão sexual,
distúrbios alimentares,
automutilação,
suicídio,
álcool,
trauma,
morte,
violência,
fogo

&, provavelmente,
mais coisas.

lembre-se:
tenha cuidado
antes, durante & depois
da leitura.

sumário

I. o céu 25
II. o naufrágio 66
III. o canto 112
IV. a sobrevivente 154

Quando penso em *A pequena sereia*, duas narrativas me vêm à cabeça: o conto de fadas sombrio e complicado de Hans Christian Andersen e a nostálgica adaptação da Disney, que vi na infância. No deslumbrante volume de poemas que você tem em mãos, Amanda Lovelace conseguiu reunir esses dois mundos distintos de forma totalmente integrada. A sereia recupera sua voz e faz isso com uma vingança.

As palavras que uma escritora coloca no papel constituem a sua própria voz. Houve um período da minha vida em que parei de escrever. Passei alguns anos ignorando as minhas próprias palavras. De certa forma, tinha perdido a minha voz. Tinha perdido a mim mesma.

Mas o mundo funciona de forma misteriosa. E fica o tempo todo nos lembrando do lugar que ocupamos e dos nossos objetivos.

A princípio, esse lembrete pode parecer um leve tapinha nas costas. Mas, se não prestarmos atenção, depois as coisas voltam de maneira mais brutal.

E foi o que aconteceu comigo. Minha vida parou. Meu mundo caiu. E quando não havia mais nada, as palavras voltaram. Minha voz voltou. Com ela, pude recomeçar do zero.

Hoje, alguns anos depois, é com orgulho que me junto à Amanda e ao coletivo de vozes novas que você encontrará neste livro. Viemos de lugares do mundo inteiro e nos recusamos a aceitar a narrativa que tantas vezes escreveram para nós. Estamos escrevendo nossos próprios e alternativos finais. Chegou a nossa vez. Chegou a nossa revolução. Pegue uma caneta e vamos nessa.

Beijos,
Lang

aviso I:

esta história não é
um ~~canto~~ conto de sereia

aqui não tem
donzelas do mar.

não tem o
céu sobre o mar.

não tem as
estrelas do mar.

não tem a
música do mar.

esta é
uma história

que conta
como

tentaram fazer
com que ela se calasse

& como os gritos dela
viraram a lua

de ponta-cabeça.

aviso II:

**simplesmente
bola pra frente**

canto do cisne I

estou apagando
meu fogo.

estou abaixando
minhas armas.

estou derretendo
minha coroa.

estou desfazendo
meu castelo.

& depois
jogando tudo

dentro
do

mar
perigoso.

durante todo
esse tempo,

achei
que eu era

uma rainha
desgraçada,

&
só agora

consegui
perceber

que tudo não passou
de um faz de conta.

canto do cisne II

tenho um
     péssimo costume
de me
     representar
mais corajosa
     do que jamais serei,
& não sei bem
     qual de nós
estou tentando
     convencer,
eu ou
     você.

você é o
capítulo que
>*eu não sabia*
se
deveria
>*contar*
por medo
de que eu poderia
de um modo
ou de outro
estar escrevendo
uma resposta para você
no atual capítulo
da
minha história.

num dos nossos diversos mundos havia uma
menina que não sabia lidar com a imensa tristeza e
confusão de alguns momentos da vida, então ela se
aproximou de uma de suas estantes abarrotadas,
ficou na ponta dos pés & implorou aos inúmeros
livros, de lombadas gastas e tão adoradas, "tudo
o que eu mais queria neste mundo era ser um de
vocês". milagrosamente os livros ouviram. aliás,
não só ouviram. daquele dia em diante, pegaram a
menina e a criaram como se ela fosse um deles. toda
noite, enquanto ela deveria estar dormindo, sua nova
família a colocava dentro dos contos de fadas sobre
princesas & bruxas & sobre as criaturas fantásticas
preferidas dela: as sereias.

**numa terra
muito distante...**

I. o céu

"
*depois
que o inimaginável
aconteceu,
a sereia
deixou o mar
de seu planeta
que tinha secado
&, montada
numa estrela cadente,
voou
para o céu.*

~~porta~~
~~trancada.~~

~~tevê~~
~~desligada.~~

~~cortina~~
~~fechada.~~

~~coração~~
~~martelando.~~

~~cama~~
~~rangendo.~~

~~lágrima enchendo~~
~~o silêncio.~~

~~anos~~
~~destruídos.~~

– uma menininha brincava de esconde-esconde no lugar errado.

como ele
conseguiu
me
sufocar
estando com
os dois
pulsos
amarrados
com uma fita
atrás das
costas.

– *"não diga nada."*

não
tinha
                    nada
que
eu
pudesse
fazer.

não
tinha
                    ninguém
que
pudesse
me
ouvir.

– *uma pedra entalada na garganta.*

o que pareceu
uma eternidade

implorando
& gritando

&
chorando

& berrando
"você não me ama?"

foi
apagada

com uma
única palavra

que saiu da sua
boca.

por algum
milagre,

você
convenceu

minha
mãe

de que
não tinha problema

eu pegar
a bicicleta

sair
na chuva

&
pedalar

à vontade
pelo tempo

que eu quisesse —
afinal,

se
fosse

para confiar
que alguém

recuaria
diante

do
perigo,

esse alguém
era eu,

– *não é mesmo?*

as garotinhas
deveriam
estar seguras
~~pedalando suas~~
~~bicicletinhas~~
~~amarelas~~
~~pelo~~
~~bairro~~
~~sem~~
~~alguém~~
~~ter que~~
~~acabar~~
~~algemado.~~

– *procura-se.*

"pode me chamar de pai",
ele me disse.

eu queria
tanto
ter respondido
"não",
afinal
eu já tinha um pai
&
ele jamais
saberia o que
é ser um pai.

– *você não era minha família de sangue nem minha família escolhida.*

quando
não consigo
lidar
com alguma coisa
eu
ａｐａｇｏ
essa coisa.

– *isto não é um erro de impressão.*

brilha brilha

    estrela minha

a primeira

    estrelinha

eu queria

    eu queria

escapar

    só por um dia

– *bibliófilo*

"queria tanto ser amiga dela",
a menina sussurra
para as páginas
rasgadas e manchadas,
acariciando com o dedo
as bordas douradas do livro.

"nada disso... eu queria mesmo era *ser* ela."

– *ariel*

"queria tanto ser amiga dela",
a menina fictícia responde.
ela levanta o braço
pra fora do livro, mas depois recua,
trazendo a mão de volta
quando percebe seu engano.

"nada disso... eu queria mesmo era *ser* ela."

— *ariel II*

&
foi
assim
que a menina
aprendeu
a amar

mas sempre mantendo
uma grande
distância.

às vezes
ela não consegue
dizer qual é
a diferença

entre

os dias em que
andava
por esta terra
sendo ela própria

&

os dias em que
andava
pelos parágrafos
sendo outra pessoa.

– ninguém percebeu & ela gostou da experiência.

                    alguma vez
                        você
                         já
                       sentiu
                     saudades
                         da
vida
                     que você
                       nunca
                       teve?

            – *(porque eu já.)*

alguma vez
você
já
sentiu
saudades
da
                pessoa
que você
nunca
foi?

– *(porque eu já II.)*

sempre
que você precisar
de uma dose
saudável
de calma,

rasteje
pela
vidraça
embaçada
da cabeça dela.

lâminas de
grama crescem
nas sombras
do
paraíso.

opalas
pendem dos
galhos
em vez de
folhas.

rios
passam com
água
de botões
de rosa

leite&mel
caem das
nuvens
em vez de
chuva.

até aquilo
que é totalmente
impensável
acontece aqui:

crianças
aprendem tranquilas,
sem medo dos
dedos raivosos
sobre os gatilhos.

– *isca escondida na areia.*

embora
tenda a achar

que as papoulas
provavelmente

conversam
em segredo,

não tenho
nenhuma ilusão

de que
um dia você vá

ler
este poema

ou
qualquer outro.

                                 (você
                                 está deitada

                                 debaixo
                                 da lápide

                                 sobre a qual coloquei
                                 um vaso de planta)

ainda assim,
não consigo descansar

até
escrever

estas
palavras

pra
você:

eu não sou
ninguém.

eu também não sou
ninguém.

– *chamada respondida.*

(homenagem ao poema "Não sou ninguém!
Quem é você?", de Emily Dickinson)

quando digo que ainda estou esperando minha carta
de hogwarts, o que quero dizer é que nunca quis
ficar aqui por muito tempo.

– *sempre vagando perdida & sem minha*
varinha de condão.

"talvez
eu não seja
aquele livro que você
lê marcando as páginas
& que anda
com você
o tempo todo."

murmurou
a menina
puxando as
mangas do casaco
para cobrir
as mãos.

"talvez
eu seja o livro
que você esqueceu
de marcar
& deixou
no trem."

– *morta de timidez assim como nós.*

será que
   um príncipe
   uma princesa
   q u a l q u e r u m

não poderia
simplesmente
aparecer
& me lançar
um olhar
cheio de paixão
como se
eu fosse
uma joia
rara,
e não as ruínas
de pompeia?

– quando chegará a minha vez?

em
busca de
alguém

que
fizesse com
que ela

se sentisse
parte deste
mundo,

ela
se aventurou
por uma série de

        empreitadas
        expedições
        viagens.

– *sempre foi a menina através do espelho.*

ela não beijou sapos.
ela beijou enormes tubarões brancos.

acho que
mergulhar
em
cartas de amor
& mentirinhas
& fusos horários
& quedas de sinal
é
sempre mais fácil
do que
se lançar
no
imprevisível

– *selvagem.*

o príncipe
dos sonhos dela
estava bebericando
de um jeito
meio antiquado

enquanto
ela engolia
uma flor
de
lótus.

nenhum
dos dois achou
que o próprio vício
estava fazendo
efeito,

então
deixaram os vícios
de lado
& fugiram.

não
importa
onde
acabaram
chegando,

desde
que fosse longe.
desde
que estivessem
juntos.

acaso
/a.ca.so/
substantivo

      1. ele & eu
      2. eu, despencando daqueles olhos altivos.

– *quem eu era antes de você?*

"preciso deixar claro
que todo ano encontro
o meu príncipe",

– eu disse.

"então
este ano...
este ano será meu",

– *respondeu ele, plácido.*

no
exato momento

em que
ele se deu conta

de que
poderia

apertar
seus dedos

ao redor
do meu pulso

com espaço
de sobra

&
preencher

os espaços
entre

meus
quadris

com um
punhado

de
pedras

&
conchas,

ele
foi lá e fez

com
toda certeza

meu
prato estava

sempre
transbordando.

*– preencher abaixo: coisas que eu odeio
por sua causa.*

você
não foi
o primeiro
a me dizer
que iria

>*beijar*
>*minhas cicatrizes*
>*tão bonitas,*

mas
certamente
foi o primeiro
que me fez acreditar nisso.

– agora sei que você não pode salvar outra pessoa.

tudo começou a fazer sentido quando aprendi que para eu me afogar não é preciso uma onda explosiva me acertar. estou falando da sensação que tenho quando você enrosca os dedos nos meus cabelos pretos e compridos e puxa apenas o mínimo para doer, puxa apenas o mínimo para eu não querer que você pare.

– *afogamento a seco.*

não quero
assustar você,
mas eu poderia
de verdade
considerar a hipótese
de beber
o oceano inteiro
se você me
pedisse algo
assim.

– o que eu não faria por você?

queria que você tivesse sido meu primeiro amor.
teria até me contentado com o segundo amor.

– *o terceiro é o ~~pior~~ melhor.*

na primeira vez que toquei a sua pele, nasceram pontinhos brilhantes e dourados na ponta dos meus dedos. ao levar os dedos à boca, só conseguia pensar que tinham um gosto de alguma coisa vinda de outro mundo. por descuido, não me atentei ao saber ancestral das fadas que alerta seres humanos como eu a nunca comer ou beber nada que pareça bom demais para ser verdade e, assim, não se perder completamente.

– *meu midas.*

você é
o tipo
de trama
que já inspirou
épicos
de milhares de páginas.

– *quantos séculos você viveu?*

encontrar
um jeito de caber
nos seus braços
beijados
pelo sol
era quase
dolorosamente
fácil.

– *você sempre foi meu naufrágio preferido.*

todas as manhãs, antes da aula, minha mãe não me dava café. ela me dava sabedoria. primeiro, penteava meu cabelo com um garfo. logo depois, tranças caíam até a minha cintura enquanto ela dava um beijo na minha testa sussurrando, "preste atenção. não ouse se debruçar na janela e jogar as tranças para fora. nunca se sabe quem é que vai aparecer ali e subirsubirsubir. lembre-se do meu conselho: até mesmo os malvados vão ficar desnorteados e derretidos por você. nunca se deixe enganar por um trapaceiro".

– *as mães sabem das coisas.*

II. o naufrágio

"

acontece que as estrelas
veem tudo
& não são fiéis
a ninguém.
quando ela
confessou
seus desejos
para as estrelas,
as vozes de seus
piores pesadelos
vieram à tona
passando por cima de tudo.

o problema
é que
algumas
pessoas
estão vivendo,
respirando

        I C E B E R G S

só
esperando
pelo
momento perfeito
para te fazer
afundar.

– *titanic.*

engolir
as memórias
é como
dar uma mordida

num
monte
de
pedras de vidro...

o ferro
preenche
a ~~minha~~ garganta
dela

é a única maneira
que ela tem
de saber
que ainda está

viva.

– *por mais que tente evitar, continuo vomitando você.*

a primeira vez que você me levou pra casa e me apresentou aos seus pais, seu pai me deu uma olhada e disse "essa menina parece bastante inteligente, sorte a dela".

– por que não fui inteligente o suficiente pra ficar longe de você?

um sorriso.
cílios irresistíveis.
um quarto escuro.
pernas enroladas.
paz.

– como eu gostaria de me lembrar de você.

ele
me disse
que
gostava

de
garotas-problema
como eu

&
eu não
fiz nada
além

de
dar
uma
piscadela.

depois
pensei
comigo
mesma,

se ao menos
tivessem
me
ensinado

a
reconhecer
um sinalizador
luminoso

em vez
de
perderem
tempo

me
ensinando
como
se faz

para
interpretá-lo
como um
elogio.

munido
de um
canivete,

ele
cortou
o ~~meu~~ cabelo dela

enquanto
ela dormia
enrolada

como
num coma
silencioso

ao
lado
dele,

apenas
para ele
poder

colar os cabelos
de volta
até as pontas

e assim
poder
mostrar a ela

tudo
o que ele era
capaz de fazer

&
ainda
conseguir

se
safar
desta.

– *perverso.*

~~ele~~
~~segurou~~
~~a mão dela.~~

~~ele~~
~~agarrou~~
~~o peito dela.~~

~~ele~~
~~apagou~~
~~a luz.~~

~~ele~~
~~a levou~~
~~até a cama.~~

~~ele~~
~~fez com que~~
~~ela se deitasse.~~

~~ele~~
~~rasgou~~
~~a camiseta dela.~~

~~ele~~
~~disse a ela~~
~~que a amava.~~

~~ele~~
~~enfiou a língua~~
~~dentro dela.~~

~~ele disse~~
~~que queria~~
~~casar com ela.~~

~~ele~~
~~colocou~~
~~a mão no meio.~~

~~ele~~
~~beijou~~
~~o colo dela.~~

~~ele~~
~~soluçou~~
~~abraçado a ela.~~

– *ele dividiu em dois o ~~meu~~ rabo de cavalo dela.*

toda vestida,
entro
na
banheira
vitoriana,
mas
por mais
que eu
        esfregue
           esfregue
              esfregue,

você
continua
em todos os lugares
em que
eu não
quero.

será que ela, nas últimas vezes que acordou, conseguiu perdoá-lo, ou estava secretamente praguejando aos deuses que não fizeram com que o teto caísse em cima das vértebras da coluna do seu amado traidor, ainda que isso fosse fatal para os dois?

– *desdêmona.*

(homenagem à peça *Otelo*, de William Shakespeare)

ela chegou à conclusão de que os caras gostam dela porque ela é triste & sobretudo porque ela é quietinha. combinação mortal que faz com que seja impossível para ela dizer a eles:

– *chega. / não. / não quero mais.*

adquiri
a
capacidade
de viver
fora de
               mim mesma
sempre
que eu precisava
nadar
para longe
de você.

– *sereia fugitiva III.*

como ele
conseguiu
me
sufocar
estando com
os dois
pulsos
amarrados
com uma corda
atrás das
costas.

– *"eu sei que era isso que você queria."*

como ela
conseguiu
me
sufocar
estando com
os dois
pulsos
amarrados
com um cipó
atrás das
costas.

– *"mas você não disse que não, certo?"*

no dia
em que te dei
meu
coração
tão radiante,
não te
dei
nada
além disso.

– *quando dizem que eu gosto de provocar.*

você ainda fica me olhando quando estou dirigindo & eu ainda finjo que não percebo que você está me olhando. você ainda segura minha mão & eu ainda seguro a sua de volta. você ainda diz que me ama & eu ainda digo que também te amo. nós ainda nos beijamos quando achamos que ninguém está vendo, desejando secretamente o contrário. ainda saímos para tomar café pelando quando lá fora está fazendo trinta & oito graus. continuamos fingindo até que o esforço de ficar sorrindo fará nossos dentes quebrarem & nossa gengiva sangrar.

– *tentando prestar atenção na estrada.*

e
se
ele
simplesmente
fizesse o mesmo
com outra
menina?

– é por isso que eu não posso ir embora.

às vezes ainda quero acreditar que podemos sair vagando até a floresta e topar com um relógio de bolso enfeitiçado que vai nos levar de volta no tempo para apagarmos tudo & começarmos do zero.

– não espere encontrar aqui este tipo de conto de fadas.

jaulas

ainda
são jaulas

mesmo
quando

construídas
para

se parecerem
com

castelos.

– *ilusionista.*

neste
ponto,
ficar
com
você
é
apenas
exercitar
a memória.

um pedido de
desculpas
nunca
passou
pela cavidade
da sua
boca.

– *como você consegue simplesmente ir embora?*

juntos
criamos
um maldito
espetáculo,
mas
as cortinas...
elas
não
escondem
a sua
história.

– *isso não pode continuar assim.*

&
um dia,

você
sumiu,

já não estava em
lugar nenhum.

juro que
subi até o topo

de todos
os morros

só para provar isso
para mim mesma.

foi
como se o

vento
tivesse

simplesmente
levado você

assim como faz
com as

sacolas de plástico
das lojas

e os restos
do outono.

mas ao varrer
você

desse jeito
ele não

levou
embora

os últimos
resquícios

das
provas

do
que

você fez
comigo.

*– fiquei imaginando se você teria sido
trocado na maternidade, mas se esqueceram
de substituí-lo por outro.*

algumas
histórias
não têm
um final
feliz.

algumas
histórias
não chegam
a ter
um final.

        a nossa não teve.

            a nossa não pôde ter.

        a nossa não vai ter.

foi
mais fácil
fingir
que você
estava morto.

foi
mais fácil
matar o
príncipe
encantado.

– *escrevi com sangue o final da minha própria história.*

preciso de lavanda. preciso de valeriana. preciso de leite quente. preciso do som de cada gota de chuva caindo na superfície da terra. sim, ainda terei dificuldade pra dormir. por sua causa, nunca consegui ver a cama como um lugar de descanso – só de agitação. mesmo quando meus ossos e pálpebras imploram por piedade, no momento em que deito no travesseiro, alguma coisa lá no fundo da minha cabeça sempre vai me fazer lembrar daqueles momentos em que aprendi que sexo & violência não são a mesma coisa.

– *a bela acordada.*

você não tem
mais uma cama;
você tem apenas
um caixão.

– *por que não me sinto aliviada fazendo isso?*

o peso do seu corpo
nunca me deixa em paz.

– *fantasmas.*

ele meio que
se parece com você,
mas sei que ele
não pode ser você...

a não ser que
homens mortos
tenham aprendido
a andar.

ele
tem apenas
aquele jeito de andar
que é dele...

aquele
jeito malicioso de olhar
de olhos bem abertos
que é dele...

aquela
risada...
meu deus, risada
terrível a dele...

& a família
de cigarras
que faz um ninho
no meu peito

não consegue
dar ouvidos à
lógica
ou à razão,

pois
quando
o assunto
é você,

só tive
a
chance

de ensinar
a elas como				r
se virar ou			a
			o
		− v

você parou
de deixar marcas
no meu pescoço
então comecei a
deixá-las
por toda
parte.

– *suporte para livros e articulações.*

todo
toque
que vem
logo depois
d o s   s e u s
parece uma
granada.

– *tique, tique... bum!*

quero
acreditar
que a maioria
das pessoas
não deseja mal
a ninguém.

que
nem todo mundo
é capaz
das
mesmas coisas
que você.

que alguém pode
me acariciar
e fazer isso
por
ternura.

– *às vezes precisamos nos alimentar de
mentiras apenas para podermos viver.*

será que precisarei desperdiçar a vida
após a morte
buscando formas de me livrar de você?

nos fins de semana, minha mãe costumava levar minha irmã e eu à praia, embora ela quase nunca gostasse de entrar na água e nadar.

em vez disso, ela nos pegava pela mão e nos levava até a parte rasa do mar – apenas até o tornozelo. ela dizia, "fiquem paradas & esperem a próxima onda chegar, então fechem os olhos. quando ela estiver voltando, vai parecer que está levando vocês embora, mas não se preocupem. não vou deixar que nada aconteça com vocês, minhas meninas. não tem problema deixar as ondas irem embora".

às vezes, quero poder deixar as coisas irem embora desse jeito, só não gosto da parte em que abro os olhos & fico desapontada ao perceber que não fui carregada para longe, bem longe daqui.

– *sereia fugitiva IV.*

no fim das contas, só quero saber qual é o
sentimento que existe entre a euforia e o desespero,
alguma coisa que seja diferente de nada.

nenhuma das minhas
músicas preferidas
soa como
deveria
no seu velório.

onde
antes
havia
uma orquestra
gloriosa,

hoje
restaram apenas
a desgraça
e violinos
agudos.

– *mate o maestro.*

quando você foi embora deste planeta, deixou para trás alguém que vai sempre se sentir como se fosse, em primeiro lugar, um corpo para ser possuído; em segundo, uma pessoa. antigamente desejava que você ficasse atormentado de culpa, mas hoje bastaria que você sentisse um décimo disso.

– *por outro lado II.*

qual
é a
diferença?

– *vítima ou sobrevivente.*

&
onde
eu me encaixo?

– *vítima ou sobrevivente II.*

então, pensei em todas as histórias esquecidas das vítimas-sobreviventes que tiveram o corpo prensado contra a parede por homens cruéis e a pele se esticando pracima&pracima&pracima como se fosse uma tela de pintura.

&

na mulher que não abriu mão, mesmo lutando feito louca para manter a própria pele no lugar, até que as histórias de outras mulheres se espalhassem pelo céu.

uma vez,

fui até ela num sonho & implorei que fizesse comigo o mesmo que tinha feito por elas, aí ela me segurou pelos ombros & me virou para o outro lado, dizendo,

"você nunca precisou de
ajuda. vá em frente, se jogue
para os cometas"

– *obrigada, artemisia. muito obrigada.*

(homenagem ao romance *Blood Water Paint*,
de Joy McCullough)

"quando
nossos vilões
ganharem,
não se desespere.
apenas
reescreva
a história."

– *as mães sabem das coisas II.*

III. o canto

"
&
então
ela fez
*o que qualquer
mulher racional
faria...
com toda a calma,
ergueu os braços
& rasgou
as
estrelas.*

fiquei vendo
você me vendo
definhar. agora, você
não tem outra maldita opção
além de ficar
me vendo.

– *ficar completa.*

para você
poder virar
aquela pessoa que
salva a si própria
às vezes
é preciso
saber
quando
se
deve
pedir
ajuda.

– *sessão de terapia n.1*

me recuso
a
acreditar
que naquele
momento
você pegou
de mim
alguma coisa
insubstituível.

– *ainda tenho tudo no lugar.*

quando uma mulher diz "não".
quando uma mulher não pode dizer "não".

– *as duas estão sendo agredidas.*

você
não
precisa dizer
que
a culpa é minha
por eu ter
ficado.

a
culpa é dele
por ter
me deixado com
medo de
ficar
ou de ir embora.

a primeira
pessoa
que tocou em mim
não foi o meu
primeiro.

– estou decidindo os meus primeiros
a partir de agora.

&

eu queria
te levar à praia
onde cresci

&

observar
o céu mudando de cor
do azul para o laranja para o rosa

&

te mostrar
onde eu nadava
quando era criança

&

queria
descansar a cabeça
no seu ombro

quando

te pergunto se
vamos nos ver
numa próxima encarnação

já que

eu sei que nada disso
vai acontecer
nesta vida

afinal

foi
você quem me
ensinou que a

salvação

não é uma coisa
que aparece de bobeira
na areia da praia.

não...

não,
nesta vida,
não.

– *nem em outra, minha querida.*

o
único modo
de poder
sonhar
sobreviver
a você
é
encontrando
aquele lugar
entre
perdoar
e esquecer,
se é que ele
existe.

– *é deste modo que decido apagar meu fogo.*

esta sou eu
fincando
o dedo
na areia,

desenhando
delicadamente o seu nome
nela,

para depois
me afastar
& poder
ver

você
sendo
enfim
levado embora.

– *adeus.*

eu não escrevo
as coisas que escrevo
para te machucar.

– *eu escrevo o que escrevo*
para me curar.

informações atualizadas para a menina
que eu fui um dia:

agora moramos num pequeno apartamento perto da praia. nele tem uma mesa para escrevermos. tem aquecimento para nos esquentar. tem comida para comer. tem um fantasma camarada. tem um marido atencioso e um gatinho que gosta de brincar e anima nossos dias. temos tudo o que queremos & tudo o que nunca achamos que teríamos. lutar para ter este cantinho valeu a pena. não desista ainda.

na primeira noite
em nossa casa nova,

derrubei
um copo d'água

no
chão da cozinha.

na segunda noite
em nossa casa nova,

derrubei
um copo d'água

no tapete
da sala.

brincando,
disse a ele,

"acho que
agora nossa casa

foi
abençoada

com
muita sorte".

mas o que eu queria
dizer era,

"desculpe,
não consigo tocar em nada

sem
imediatamente

encontrar
um modo de

estragar
essa coisa

antes que ela
me estrague".

o que eu deveria
ter dito era,

"desculpe,
desculpe".

– *"sou apenas uma obra em construção."*

na mesma hora
ele
abaixou
o guarda-chuva,

quando eu disse
que nunca
tinha sido beijada
na chuva,

&

por
algum
tipo de
milagre,

o beijo
dele não
pareceu
uma granada.

– *o tipo bom de afogamento.*

a cena:

        você,
        agarrando
        meu pulso,
        me olhando
        por cima
        dos ombros,
        enquanto corremos
        para pegar o último trem
        para ir para casa
        com centenas
        de pessoas sem rosto
        correndo
        atrás de nós
        para não
        terem que
        fazer a viagem
        em pé.

– não me importo de ficar em pé desde que fique em pé ao seu lado.

ele existe.

logo,
sei
na prática
que a
humanidade
não está
desmoronando
bem
na minha
frente.

quando eu ainda tinha muito medo de mergulhar de cabeça nas coisas, foi você quem me disse que estava na hora de me arriscar, que eu estava gastando muito tempo lendo sobre as grandes aventuras de pessoas fictícias sem nunca viver as coisas por mim mesma. hoje em dia, podemos até ser dois estranhos que só se cumprimentam de longe em lugares públicos, mas nunca vou esquecer o que você fez por mim naquele momento. obrigada por não ter me tratado como um zero à esquerda, porque agora também vejo finalmente todas as possibilidades que estavam latentes em mim.

– ao meu amigo de infância.

existe um mundo no qual romeu não toma o veneno. julieta não se fere. em vez disso, eles decidem tomar um vinho até que adormecem de qualquer jeito um nos braços do outro. na manhã seguinte, acordam de ressaca, precisam lidar com uma tremenda dor de cabeça e enfrentar o mundo e suas famílias. as coisas acabam bem.

– *eu acredito na existência de mundos infinitos.*

em outro mundo, romeu & julieta acabam juntos de novo. eles fazem uma enorme festa de casamento cercados por família & amigos, cada um segurando o cabo de sua espada, mas não tem problema, pois pelo menos ninguém morre. na noite do casamento, julieta está morrendo de medo de contar a romeu que ela deseja dar um beijo nele, mas não dormir ao seu lado. no mesmo mundo, romeu não hesita sequer um segundo para dizer a ela que tudo bem, ele entende. ele vai ficar com ela independentemente do que ela quiser ou não quiser.

– ele vai ficar com ela mesmo que ela nunca queira dormir ao seu lado.

em outro mundo, romeu & julieta conseguem sair
vivos, mas no final não acabam juntos. espere um
pouco, pois não se trata de um final trágico. uma
hora eles acabam se separando, mas continuam
sendo melhores amigos e viajam até uma época
que ainda não vivemos, onde romeu pode sair
de mãos dadas com um menino & julieta pode
sair de mãos dadas com uma menina sem sentirem
o medo pairando sobre eles.

– *eu acredito na existência de mundos
infinitos II.*

eu faço mágica
todos os dias em
que sou uma mulher
& eu faço mágica
todos os dias
em que não
sou.

– *meio-menina / meio-deusa*

enfiei
minha história
nas
dobras
do silêncio
para
poder
deixar
as outras
pessoas
tranquilas.

– *nunca mais.*

desenhei
meu trauma
em tons
dourados
& rosados
para
que ele ficasse
bonito
e outras pessoas
pudessem
aproveitá-lo.

– *nunca mais II.*

pela primeira vez em meses acordo me sentindo bem. não desperdiço minha manhã programando um alarme depois do outro & voltando para o sono, as persianas e pálpebras fechadas diante da promessa de um novo dia, da tarde que, rápida, se aproxima.

levanto da cama, espreguiço os braços para o alto e um leve sorriso começa a despontar no meu rosto.

talvez eu possa ficar feliz, penso.

ou talvez não, penso.

rapidamente afasto o pensamento, cantarolando uma melodia sem palavras que ouvi numa caixa de música antiga que estava no porão. às vezes tenho que desligar essa vozinha que me diz que este é só um breve e raro momento antes que eu me torne alguém totalmente diferente da pessoa que eu era ao acordar.

na verdade, tem uma boa chance de as coisas não ficarem bem à noite.

mas agora,
     as coisas estão bem.

– é só disso que eu preciso agora.

sempre gostei da ideia de ser uma sereia de meia-
-tigela. tenho que admitir que não nado há muito
tempo, desde a época em que comecei a castigar meu
corpo por coisas que não são culpa dele.

todo esse tempo, tenho mantido cobertos os braços
que abraçam & as pernas que se mexem, pois
sempre tive medo dos estragos que uma tempestade
poderia causar. imaginava os pássaros voando
em bando para tentarem se salvar. imaginava os
cervos correndo de volta para os abrigos de madeira.
imaginava as crianças afoitas indo para o quarto dos
pais.

sim, é verdade.

um relâmpago pode matar. e mata.

uma vez, ele entrou pela janela & acertou a
bebezinha com quem eu compartilhava gerações de
sangue.

também aprendi que o relâmpago mata aquela coisa
que impede as árvores de explodirem dentro do solo
& me devolverem a vida.

– *cada dia é um ato de sobrevivência.*

numa das minhas mãos, a linha da vida acaba logo.
na outra, ela mergulha insconsistente até o meu
pulso. não sei qual das duas está dizendo a verdade
& uma parte de mim não deseja saber. a única coisa
que posso fazer é aprender a viver com a ideia de que
nunca ficarei curada. sempre estarei no processo de
cura.

– *tirar o máximo proveito das coisas.*

achei que meu mundo estivesse se encaminhando para um final estrondoso,
& talvez estivesse, por assim dizer. no processo, as fotografias caíram da parede, & eu ainda encontro caquinhos afundados nos buracos dos degraus de madeira. pequenas rachaduras se formaram em algumas partes da minha estrutura. se colocamos uma bolinha de gude no meio do chão de cada cômodo, ela vai rolar para o lado em que a tábua do assoalho pende irregular. algumas portas emperram & algumas portas abrem sozinhas quando passamos por elas.

porém a casa ainda se mantém de pé.

se mantém de pé.

– *uma casa sem personalidade não é uma casa.*

                                    encho
                                    o meu
                                    prato
                                    & depois
                                    volto
                                    a esvaziá-lo.
                                    nesses dias,
                                    tudo aqui
                                    é meu.

– o motivo para eu me recuperar sou eu.

hoje em dia,
acho que meu
vestido de verão
cai muito bem em mim
& não é
porque
alguém
me convenceu
disso.

– *o motivo para eu me recuperar sou eu II.*

I. respirar.
II. energizar meus cristais.
III. catar conchinhas.
IV. escrever um pouco todos os dias.
V. tomar mais banhos de espuma.
VI. dar um "oi" para as fadas.
VII. tomar mais chá de hortelã.
VIII. reler meus contos de fadas preferidos.
IX. não deixar ninguém me diminuir.
X. respeitar o meu próprio tempo.

– promessas.

vítima

    ou sobrevivente?

vítima

    ou sobrevivente?

vítima

    ou sobrevivente?

– me encaixo nos dois.

quanto
mais longe
eu vou,
mais
começo
a
acreditar
que
talvez...
apenas
talvez...
exista
uma
coisa
chamada destino.
chamada sina.

se
depois
de tudo
eu ainda
estiver
respirando
então
deve
haver
um motivo
mesmo
que
eu
ainda
não o
tenha visto

em geral as histórias
que vivemos não têm
um sentido
claro, definido.
não se espera
que tenham.
devemos
extrair
a parte boa
da parte ruim
da parte cinzenta
&
decidir
o que
queremos
que tudo isso
signifique.

– *ainda estou viva, então há esperança*

a noite
pode cair,
mas
eu
vou
sempre
continuar.

– *eu sou o meu próprio pôr do sol.*

a aurora
pode nascer,
mas
eu
vou
sempre
reinar.

– *eu sou o meu próprio nascer do sol.*

para
a nossa
missão dar certo,
é preciso sair
para um encontro.

eu fui
a uma floricultura
chamada
in the garden
& comprei
para mim

um
buquê
de
margaridas murchas
que todo mundo
tinha rejeitado

&
escrevi
um cartão
para mim mesma
que leria depois.

subi
a rua
na direção
do café *water witch*
& comprei
dois pãezinhos doces

pelo menos
estaria comendo,
&
antes do jantar,
nada menos.

fiz
um bule de café
suficiente para quatro,
& fiquei parada fora de casa,
a xícara pendurada
na mão,

encarando
as árvores
do meu quintal,
todas mirradas
e sem folhas por
causa do inverno.

admito
que não sei
exatamente
qual era
meu objetivo.

já
não estou mais
em busca
de motivos
ou explicações
para o passado.

estou
apenas
em busca de
trilhas feitas de migalhas de pão
que me levem
a mais trilhas de migalhas de pão

que vão,
com alguma
sorte,
em algum momento,
me levar
até

o caminho
que andei
buscando
por todo esse
tempo.

– *a caminho de casa.*

"seja
mais forte
do que os
vilões.
seja todas
as heroínas
que saíram das histórias
para a vida."

– *as mães sabem das coisas III.*

IV. a sobrevivente

"

*então
um coro de
sereias
gritou
para ela,*

*'NÃO TENHA MEDO
DE CANTAR.*

CANTE A PLENOS PULMÕES.

*SUA VOZ
PODE AFUNDAR ESPAÇONAVES'.*

enquanto
caminhava
sobre
pregos
ao longo de
toda sua vida,
você
sequer
podia
desconfiar
da maciez
da
areia
entre
os dedos dos pés.

– *de todo modo você tem que tentar.*

Eu digo que quero seus dedos
na minha boca

Eu digo que quero seus dedos
no meu cabelo

Eu digo que quero sua língua
deslizando violenta
feito lâmina pela minha garganta

Você me diz
você por acaso nunca fez isso antes?

Ele nunca te pegou
desse jeito?

Você não sabia
que não deveria doer?

Aperto minha boca
contra o machucado
Até que ele
desapareça

Eu digo
Eu sei
Eu sei

Sabe mesmo?
Sabe mesmo?

– *lâmina.*
de caitlyn siehl

você ficou conhecida
por se cortar
com a própria mão
e com mão dos outros.

você ficou conhecida
por cutucar a casquinha
da ferida até
sangrar.

você ficou conhecida
por esfregar o machucado
com poeira &
sujeira.

ontem,
suas feridas
estavam
irritadas e vermelhas.

hoje,
são linhas finas
desaparecendo
em silêncio.

amanhã,
amanhã...

– *você terá que esperar para ver.*

tenho que te contar
que eu gostava tanto dele
a ponto de mentir pras pessoas
sobre como tudo ia mal.

tenho que te contar
que ainda existe uma bala
alojada entre minhas costelas
com o formato da boca dele.

tenho que te contar
que uma noite os vizinhos
viram o que fizeram, foi aí
que recuperei minha voz

finalmente tive força
para dizer que ele era um monstro,
quando acordei no dia seguinte
já não me sentia tão corajosa.

acordei sentindo que
o amor da minha vida

é um monstro

isso é o oposto da vitória.

como se o mundo estivesse
caindo. E fazendo o piso
de madeira tremer.

falam da sobrevivência
como se ela deixasse
as pessoas mais fortes.

como se fosse algo que se aprende.
como se ela não transformasse a
verdade
em máquina assassina.
como se aquilo que não te matou
te transformasse em algo mais
do que uma pessoa que não foi
morta.

mas eu me lembro
eu me lembro de tudo.
antes, eu era um pássaro.

agora,
sou um cemitério
dos não enterrados.

meu caminho para a cura é feio.

minhas extremidades são rachadas
e banais.

mesmo assim, são minhas
extremidades.
mesmo assim, estou me curando.

será que isso aqui não é uma
canção?
um coro de raiva e delicadeza

digno de uma dança.

diga Sobrevivente.

diga essa palavra com todo
peso insuportável que ela tem.

e diga outra vez.

e diga amém.

diga amém.

- *notas sobre a palavra sobrevivente.*
de clementine von radics.

já que você era apenas um campo coberto de
flores, este mundo sórdido te destruiu. pintou suas
pétalas em tons de cinza quando elas deveriam ter
cores gritantes. colheu seus girassóis & tulipas em
buquês, deixando as raízes penduradas, escorrendo
junto com aquela coisa que as mantinha presas
debaixo da terra. jogou isso tudo na sua cara & teve
a coragem de fingir que elas eram um presente,
e não algo para se lamentar. ao menos o vento
ainda sopra suas sementes para longe, para serem
plantadas até onde a vista alcança.

*– sempre existe mais de uma oportunidade
para crescer.*

o trauma não te transformou de uma vez só
ele foi te moldando aos poucos
assim como os rios
e teve paciência ao escavar você

é como um escultor ou como uma faca
você pega sua dor e a transforma em outra coisa
dá a ela um novo nome
e uma nova cara

você diz *ele pode ter me ajudado a ser quem eu sou*
mas não faz parte de mim

você diz *eu deveria me libertar*
e abrir espaço para as estrelas

– *sem título*
de trista mateer

a pequena alice pode ter despencado em queda livre pelo tempo & espaço, mas isso não quer dizer que você tenha que pular da ponte como ela. às vezes a melhor coisa a fazer é deixar o passado permanecer no passado. querida, shhhh... ele nunca foi tão bonito como você gosta de fingir que foi. está na hora de dar ao presente a chance que ele merece. afinal, ele nunca desistiu de você.

– *sem tocar nas pedras.*

a cura é uma viagem.
às vezes é preciso
mergulhar e atravessar
o oceano.

talvez sua viagem
até a cura não tenha
que ser como o fogo,
com você se queimando
e depois arrastando os
pés pelo carvão quente
com a pele esfolada
para todos verem.

se entregue
à onda
da autorreflexão.

mergulhe na sua franqueza,
na sua força, sua
c o r a g e m.

sobrevivemos ao abuso,
chegou a hora de nadar.

– *mergulhar.*
de gretchen gomez

uma pessoa te trata mal de novo & você responde no automático ("bom, tudo bem, já estou acostumada") antes mesmo de olhar para si própria. é nesse momento que vou te escrever um lembrete invisível: "não caia na conversa fiada dos outros. se não te tratam com um mínimo de nobreza, então mostre a eles tudo o que uma sereia-bruxa-rainha como você pode fazer".

– *acabe com esses dragões II.*

i. ainda busco no céu pistas que possam me levar de volta a você, mas juro que deixei para trás aquele tempo em que ficava com o olhar perdido nas estrelas. agora olho para os meus próprios pés e para a terra na qual estou pisando e descubro como afundar os pés no chão. a sensação de bem-estar das minhas raízes me ajuda a acreditar que a cura não está ali na esquina, ela acontece a cada respiração.

ii. meus dias de desânimo são frequentes e persistentes, mas uma hora meus olhos vão parar de queimar. de vermelhos passarão a brilhantes, desejando tudo o que você nunca pôde me dar. e nesse momento vou lembrar de quem eu sou e de tudo o que aprendi. de um jeito ou de outro você me impunha amarras para me sufocar. e tudo o que preciso fazer agora é encontrar coragem para destruir os tetos baixos e os corredores apertados.

iii. quando nosso império em chamas desmoronou, fiz um funeral para as cinzas que sobraram. uma coisa é certa, seu sumiço não passou desapercebido. lutei batalhas chamando seu nome. ao empunhar espadas, esperava ouvir sua voz tentando me convencer a voltar. mas deixei esse momento passar (nos piores dias, tive que deixar muitos momentos passarem). quando o silêncio reina, a paz vem em seguida. quando tenho consciência da paz, mecontroloparaficarfocada. preciso superar você.

iv. estou aceitando que me sinto atraída pelo seu jeito de querer me possuir e sempre sou levada de volta a uma dinâmica que fazia parte de nós dois. também estou aprendendo a aceitar que enquanto você vai sempre correr na direção do mar, eu vou permanecer como um alerta em terra firme.

– *terra firme / água*
de noor shirazie

aqueles que
são idolatrados
sempre
vão despencar.
eles são
os queridinhos
do mundo
com seu brilho excepcional
aí
uma hora
vem alguém
&
diz
que eles
já não são mais nada disso.

*– ah, seus joelhos arranhados sempre
vão cicatrizar.*

você é bem mais
do que essa chuva de mentiras
que seu reflexo fica produzindo.

os demônios que espreitam debaixo da superfície
não sabem nada sobre você,
embora finjam saber.

e um dia,
mesmo que pareça impossível,
você vai ver a si mesma como eu vejo.

quando finalmente o tempo tiver curado suas cicatrizes,
sua voz de sereia vai dizer: "EU ESTOU ÓTIMA!"
e até o seu sorriso encantador vai querer dar as caras.

mas antes desse dia em que você estará bem,
continue cantando para adormecer,
e uma hora seus monstros vão parar de te assombrar.

– *acredite em mim.*
de jenna clare

você está triste hoje.
você não está triste para sempre.

não existem estradas prontas
para a cura.

você precisa construir uma,
pedra a pedra.

haverá alguns recuos
antes de chegarem os avanços...

você precisa mergulhar
em si mesma antes da
reconstrução.

você precisa descobrir
cada ferida
antes de aprender
o poder do sal.

você vai construir
aquela estrada de tijolos amarelos...

no seu tempo e
nos seus termos.

– a determinação para a cura.
de ky robinson

você passou quase um ano inteiro pulando poças e pensando, *bom, acho que poderia ter sido bem pior,* & então de repente chegou a temporada de furacões que vai de junho a novembro. em alguns anos, é um aguaceiro só. em outros, uma chuvinha fina. e em outros não tem sequer uma gota d'água. não dá para saber o que a vida reservou para você ou quando você vai querer embrulhar sua coroa e guardá-la debaixo da cama, esperando com paciência pelo dia em que vai achar que vale a pena usá-la.

– por mais que estes dias sejam raros, cedo ou tarde eles chegam.

a última vez que você recebeu um pedido de desculpas,

você tinha um sonho recorrente.
não, não era um sonho, era um pesadelo.
um alarme, um apito no peito,
a boca abrindo para dizer uma palavra, não.

eu sei. não consigo ouvir os Beach Boys
sem pensar naquelas meninas para quem eles cantavam,
e nos beijos de cada uma delas com batom
                                        [cor-de-rosa-chiclete
deixados no espelho de alguém, ou no rosto.

talvez a diferença entre lembrar
& ferir seja apenas eu.

você apagou & bloqueou & trocou a sua
conta do Instagram para uma conta privada porque
suas mãos vazias não tinham mais nada para oferecer,

só podiam voltar atrás,
só podiam dar tchau,
só podiam parar, eu sei.

eu abri as cortinas, não atendi às chamadas.
me senti cruel & corajosa, mas já não importava. quando
seu coração se parte, os pedacinhos são iguais &
                                          [são os mesmos.

será que a sua dor tem voz? ela precisa de
algum espaço? uma última coisa que posso oferecer: aqui;
                que você possa cortar o cabelo &
                            [deixá-lo crescer.
              que ninguém precise reparar.

                        – *no lugar da misericórdia.*
                        de yena sharma purmasir

você acha que a medusa não precisou se libertar de uma ou duas serpentes? repelir os que só querem mal a você é fundamental, ainda que não consiga imaginar viver sem eles. por mais que isso signifique colocar o dedo na ferida, você precisa ir em frente. de que outra maneira conseguiria abrir espaço na sua mesa para compartilhar as refeições com os que provaram que são dignos de estar com você? de que outra maneira você vai aprender que merece ter seu prato servido em primeiro lugar, antes de qualquer outra pessoa?

você vai ficar mais forte,
mais inteligente,
vai ter coragem de olhar para si mesma
e assumir que está em frangalhos.
arrisque pôr a mão
nos caquinhos
para poder juntar tudo
e fazer um poema,
fazer uma nova música,
para cantar aos gritos dentro do carro com os
                              [vidros fechados.

e depois que você tiver esvaziado a garganta,
se libertado de toda a dor que finalmente
saiu pela sua boca,
você vai sentir os pulmões se encherem
com a cura que você trouxe
daquele lugar onde são feitos os milagres.

então você vai respirar outra vez
e sentir a cura contaminar a sua história.
você vai pingar as palavras sobre as suas feridas
como água salgada,
como se o som de contar o que aconteceu
pudesse preencher as cicatrizes que sobraram,
                              [a gentileza da crueldade.
e ele vai preencher bem.

e na hora certa, você vai ver que
por mais que não consiga lavar as cicatrizes
ao menos pode reorganizá-las como se fossem mapas.
elas estão esperando, com delicadeza e paciência,
que você as reúna neste
remendo louco e descontrolado.

– *um fôlego por vez*
de morgan nikola-wren

ela disse,

    vá atrás das memórias ruins
    no meio daquela selvageria
    hostil e pouco
    amistosa.

ela disse,

    vá atrás das memórias ruins
    no meio das
    ruínas da
    destruição.

ela disse,

    vá atrás das memórias ruins
    até elas explodirem
    & virarem
    pó.

ela disse,

    elas serão
    como as estrelas que ainda podemos ver
    mas que explodiram
    antes de termos nascido.

– *vai ficar cada vez mais fácil / vai doer menos / dê tempo ao tempo.*

às vezes você fica curada   & às vezes
se mostra em facetas sempre
esquisitas..... como um autorretrato
elaborado
feito por uma criança de seis anos   & daí? você está
aprendendo o que significa
ser uma pessoa

única   & aqui está você
em todo seu esplendor   em todo seu
esplendor eufórico, dramático e assimétrico
sim: aqui está você;   é de manhã;   você está
usando óculos em formato
de coração   & como eles são

enormes!   como são chiques & enormes ~   ao
                                [ziguezaguear
& andar pra casa, seu corpo
divide o ar
como se dividisse uma cortina de contas

– *sem título II.*
de mckayla robbin

desertor
/de.ser.tor/
substantivo

        1. uma pessoa que ama a si própria apesar das mentiras que o mundo joga em cima dela.

– & se você ainda não pode amar a si própria, saiba que mesmo assim merece o amor dos outros.

este é para os que têm
o coração eletrônico e os olhos de vidro

este é para os que têm
as mãos quebradas e muitos inimigos

este é para os que têm
fantasmas no pulmão e cabelos desgrenhados

este é para os que têm
conflitos na língua-mãe e pais desprezados

este é para os que têm
a pele macia ferida e medos para explorar

este é para os que têm
coração de beija-flor e coxas que contam histórias

sobre noites em que encontraram o amor e sobre
                                        [noites para esquecer
sobre dias em silêncio, sem palavras para se arrepender

– *eu sou sua.*
de sophia elaine hanson

se você quiser calçar o seu melhor sapato de dançar, vá em frente. se você quiser usar seu vestido amarelo de festa, vá em frente. se você quiser pintar a cara sonhando em deixar marcas de corações flechados nos vidros da rua para os passantes beijarem, vá em frente. você pode fazer isso tudo & ainda se salvar &, por via das dúvidas, salvar o mundo também. nada te impede de ser ao mesmo tempo gentil e corajosa, razoável e maravilhosa, ou qualquer outra combinação que você queira. eles dizem que nós não podemos ser isso tudo porque eles têm medo de nos tornarmos ainda mais perigosas do que somos, & nós já somos esta força toda com a qual eles precisam lidar.

– *abra seu armário & entre nele.*

(homenagem aos livros da série
As crônicas de Nárnia, de C.S. Lewis)

Ela carregou seu sofrimento por aí
numa garrafinha de vidro,
tão mas tão apertado
que precisaria de duas mãos
para tirá-lo ali de dentro.

Ela tinha certeza absoluta
de que se abrisse a garrafinha,
assim como a caixa de pandora,
só encontraria mais coisas ruins do que boas.

É mais fácil dizer aos outros
que nossos próprios monstros dormem debaixo da cama
em vez de estarem guardados
num estado de letargia bem ao nosso lado.

Quando as criaturas da noite começaram a brincar,
a cabeça dela que antes
era um jardim encantado
começou a virar uma distopia estragada.

Foi só quando as vozes
soaram mais alto que ela começou a ouvir
as suaves sinfonias de esperança
sussurrando em meio à loucura.
e então encontrou conforto
nas melodias que o universo
começou a cantar.

Ao atirar no chão a garrafinha de vidro
(*antes um segredo censurado*),
começou a sentir um bem-estar,
e abrindo a boca
começou a acompanhar a canção.

– *a balada da esperança.*
de orion carloto

você se preocupa
tanto
com
o bem-estar
dos outros
que não
consegue
se lembrar
de quando
fez
alguma coisa
apenas
para
si mesma.

– *você merece um mimo.*

Quando eu era criança
achava que os astronautas
e os astrônomos e todos os que exploravam o universo
eram sereias espaciais

mergulhando
no desconhecido oceano do universo,
enquanto nosso planeta era uma praia confortável.

É por isso que ultimamente
parei de pedir
a cura
aos céus.

Assim posso sangrar os planetas tristes para fora
                                     [da minha pele
e substituí-los pelas cinzas das estrelas alegres.

Levei quase três décadas para aprender
a abraçar
as constelações da minha própria
tragédia e mergulhar,
com coragem, nas
minhas galáxias,
para sair de lá na versão que mereço:
uma versão melhor e mais forte.

Quando eu era criança,
acreditava que todas as pessoas
que exploravam as estrelas
eram sereias.

Agora que cresci,
sei que elas são isso mesmo.

– *afinal eu sou uma delas.*
de nikita gill

você fez tudo o que podia.
agora precisa aprender
qual é para você
o sentido
de viver.

– *tweet do dia 8 de agosto de 2017.*

pegue as minhas palavras,

mas
amplie o sentido delas.
discuta com elas.
transforme-as
vire cada uma delas do avesso.

– *faça com que elas se tornem suas.*

eu
nunca fui

um espelho
ou um lago

para você
olhar

para mim &
ver a si mesmo

ou seus caminhos
passados & futuros

refletidos
de volta.

    a minha
    história
    nunca
    foi
    a sua história.

    a sua
    história
    nunca
    foi
    a minha história.

    a história
    deles
    nunca
    foi a história
    de mais ninguém.

as
maravilhas

de todas essas coisas
podem ser encontradas

nos
pedaços e caquinhos

que
podemos

juntar
de

cada uma de nós
para formar

a janela
completa.

– *vitral.*

eles vão dizer:

    I. você não tem talento suficiente.
    II. você não tem sequer uma célula original em todo seu corpo.
    III. você não se compara aos que vieram antes.
    IV. seus sentimentos são superficiais.
    V. você é resmungona.
    VI. você é uma picareta.
    VII. você é uma picareta resmungona.
    VIII. provavelmente nada disso aconteceu com você.
    IX. ... mas se aconteceu, então você floreou tudo.
    X. & seja como for, provavelmente a culpa é sua.

– *& de todo modo você vai continuar escrevendo.*

                logo
                eles
            terão cortado
           todas as árvores
             & com elas
               toda a
                 b
                 e
                 l
                 e
                 z
                 a
             das palavras

    – *escreva sua história II.*

ninguém
tem
o direito
de tirar
a sua voz
de
você...

nem
mesmo se
a pessoa for
uma bruxa do mar
tentando
barganhar
alguma coisa.

– *arranque esta página do livro e leve com você.*

não importa
como você decide
contar as suas
verdades

        ... sussurrando
        cantando
          g r i t a n d o...

você
ainda
está
destruindo
cordilheiras.

– *você tem avalanches.*

"seja
vitoriosa
em
tudo o que
você faz.
incomode
os deuses,
se for
preciso.
& talvez,
especificamente, os deuses."

– *as mães sabem das coisas IV.*

o resto desta história é todo seu.

querida leitora,

esta é a coletânea de poemas que encerra a minha série "as mulheres têm uma espécie de magia". tudo começou com uma princesa que desmoronou sobre um monte de cinzas & de algum modo conseguiu, a partir disso, construir seu reinado. é claro que a princesa-que-virou-rainha sou eu mesma. no primeiro livro, tentei resumir a história da minha vida em pouco mais de duzentas páginas. todo mundo que amei. todo mundo que perdi. todas as minhas lutas. e todos os passos cambaleantes rumo à sobrevivência. parece um feito impossível & de fato foi. minha história teve & tem tantas coisas que não couberam naquele primeiro livro.

assim, a série continuou com um grupo de bruxas do fogo. a princesa tinha sobrevivido & queria se vingar por tudo o que tinha passado, principalmente pela violência sexual vivida na própria pele & vista ao redor dela. a confusão estava na bruxa. a raiva estava na bruxa. a responsabilidade política estava na bruxa. e deixei a bruxa ser todas essas coisas. eu *me* deixei levar sem restrições, sem me preocupar se parecia deselegante. mas aquela bruxa – bruxa-rainha – ainda não estava pronta para dividir a história que por tanto tempo tinha deixado trancafiada a sete chaves.

de algum modo, aquela bruxa com a sua assembleia de bruxas uniu o espaço que existia entre a princesa & a sereia que, tempos atrás, tinha decidido voar para longe, bem longe de seus problemas para não ter de lidar com eles no papel... ou na vida.

finalmente, aquela sereia que tinha sido bruxa que tinha sido rainha estava pronta para contar a sua história. e este conto é um misto de fantasia & verdade pelo seguinte: eu sabia que o único modo de deixar a sereia falar seria se ela pudesse fazer isso discretamente e se sentindo segura. devo a coragem para fazer isso ao movimento #metoo, que começou com a tarana burke. talvez eu nunca esteja pronta para dizer o nome daqueles que me feriram, mas poder contar essas histórias tira um peso das minhas costas. desde então, substituo pedregulhos pela espuma do mar.

se há algo que eu espero que você guarde deste livro é o fato de que existem muitas maneiras de uma vítima/sobrevivente vir a público para contar as próprias experiências de violência sexual. o método escolhido por mim não precisa ser o seu, assim como o método escolhido por você não precisa ser o meu. trata-se de perceber o que melhor funciona para a vítima/sobrevivente como pessoa. este livro simplesmente foi o caminho que julguei ser o melhor para mim. no final, todos os caminhos são válidos &, com alguma sorte, levam à felicidade & à cura.

que o coro das sereias esteja com você por onde você for. que elas te ofereçam conforto sempre que precisar. lembre-se: você é uma de nós. sempre. do mar resplandecente ao céu estrelado.

laçada pelo amor,
amanda

próximo capítulo:
a história que você
precisava escrever
numa estante
esperando para
salvar outra
pessoa.

colaboradoras
por ordem de entrada

lang leav
autora do prefácio
twitter: @langleav
instagram: @langleav
website: langleav.com

caitlyn siehl
autora de "lâmina"
twitter: @caitlynsiehl
instagram: @caitlynsiehl
facebook: @caitlynsiehl1

clementine von radics
autora de "notas sobre a palavra sobrevivente"
twitter: @clementinevr
instagram: @clementinevonradics
website: clementinevonradicspoet.com

trista mateer
autora de "sem título"
twitter: @tristamateer
instagram: @tristamateer
website: tristamateer.com

gretchen gomez
autora de "mergulhar"
twitter: @chicnerdreads
instagram: @chicnerdreads
wordpress: chicnerdreads.wordpress.com

noor shirazie
autora de "terra firme/água"
twitter: @shirazien
instagram: @shirazien
facebook: @n00rshirazie
tumblr: noorshirazie

jenna clare
autora de "acredite em mim"
twitter: @jennaclarek
instagram: @jennaclarek
website: jennaclarek.com

ky robinson
autora de "a determinação para a cura"
twitter: @iamkyrobinson
instagram: @iamkyrobinson
website: kyrobinson.net

yena sharma purmasir
autora de "no lugar da misericórdia"
twitter: @yenapurmasir
instagram: @yenasharmapurmasir
tumblr: @fly-underground

morgan nikola-wren
autora de "um fôlego por vez"
twitter: @wrenandink
instagram: @morgannikolawren
website: morgannikolawren.com

mckayla robbin
autora de "sem título II"
twitter: @bymckayla
instagram: @bymckayla
website: mckaylarobbin.com

sophia elaine hanson
autora de "eu sou sua"
twitter: @authorsehanson
instagram: @authorsehanson
tumblr: @sophiaelainehanson
website: sophiaelainehanson.com

orion carloto
autora de "a balada da esperança"
twitter: @orionnichole
instagram: @orionvanessa
tumblr: @orionvanessa
website: orioncarloto.com

nikita gill
autora de "afinal eu sou uma delas"
twitter: @nktgill
instagram: @nikita_gill

agradecimentos especiais

I. *cyrus parker* – você merece um prêmio por ficar me ouvindo reclamar e esbravejar sobre este livro nos últimos meses, meu poeta-marido. mais do que qualquer coisa, queria agradecer por você não se importar que eu derrame água pela casa & por estar sempre perto para me ajudar a secar as coisas. ~O)

II. *christine day* – este foi, sem dúvida, o livro mais difícil que tive de escrever até hoje. foi o que passou por mudanças mais drásticas & que me manteve acordada noites inteiras por semanas a fio. mas, vendo o lado bom, nenhum momento foi tão difícil quanto poderia ter sido, pois você estava sempre por perto.

III. *minhas colaboradoras* – quando inicialmente planejei incluir poemas de outras autoras que admirava, não tinha ideia de qual seria o resultado. sinceramente, poderia ter sido um desastre. em vez disso, cantamos umas para as outras no meio da escuridão, nossos pés sempre pisando em um chão em comum, & essa coletânea de vozes se tornou uma obra-prima inesperada. obrigada por me emprestarem suas palavras maravilhosas.

IV. *minha família* – ao meu pai, minha madrasta & minhas irmãs. obrigada por estarem presentes em todos os meus lançamentos. por lerem cada uma das minhas palavras. por insistirem em ler os originais de cada livro, mesmo antes de estarem minimamente prontos. (estou falando com você, courtney!)

V. *meus leitores beta* – trista mateer, caitlyn siehl, danika stone, mira kennedy, olivia paez & alex andrina. do fundo do meu coração, obrigada por sempre encontrarem o melhor de mim. obrigada por transformarem minhas palavras. sem exagero, esta foi a melhor força-tarefa de toda a vida.

VI. *pessoas que sempre me fazem sorrir & me apoiam o tempo todo* – gretchen gomez, nikita gill, anne chivon, sophia elaine hanson, iain s. thomas, ky robinson, courtney peppernell, lang leav, shauna sinyard, summer webb, courtney summers & nicole brinkley. & você que, inevitavelmente, estou esquecendo.

VII. *minha equipe editorial na andrews mcmeel* – patty rice, kirsty melville & holly stayton. não tenho palavras para descrever como sou grata a vocês & ao trabalho que dá vida às minhas palavras.

VIII. *meus leitores* – daqui para o nosso quarto livro

um espacinho a seguir para você começar a sua própria história:

_____
_____
_____
_____
_____

Leia também:

outros jeitos de usar a boca
rupi kaur

1º lugar na lista de mais vendidos do *the new york times*

Planeta

o que o sol faz com as flores
rupi kaur

da mesma autora de *outros jeitos de usar a boca*

Planeta

RYANE LEÃO
TUDO NELA BRILHA E QUEIMA
POEMAS DE LUTA E AMOR
Planeta

**Acreditamos
nos livros**

Este livro foi composto em ITC Bookman Std e Bliss Pro e impresso pela Geográfica para a Editora Planeta do Brasil em setembro de 2025.